É comum ouvirmos sobre muitas discussões, brigas e separações quando se trata de relacionamento entre marido e mulher. Com este pequeno livro, creio que Deus irá ajudá-lo a encontrar a felicidade no seu casamento. Primeiramente, você precisa acabar com pensamentos negativos que dizem que é impossível ter essa tal felicidade no seu relacionamento. Você precisa abandonar pensamentos que dizem que relacionamento feliz é, talvez, para os outros, todavia não é para mim, ou que felicidade é só para aquele casal que tanto admiro.

Tudo o que você pensa, tornar-se-á realidade mais cedo, ou mais tarde. Abra o seu coração durante esta curta leitura. Tenho certeza de que, se praticar os conceitos que serão expostos aqui, eu repito - "praticar"-, não importa sua religião, sua cultura, ou quão problemático seja o seu relacionamento, você verá uma grande mudança para melhor. Você pode, ainda, ser um ateu e, mesmo assim, experimentará felicidade no seu relacionamento porque isso é a promessa de Deus, que está escrita na Bíblia.

Não é nenhum paradoxo dizer que, mesmo um ateu pode experimentar felicidade no casamento com conceitos bíblicos; pois, o fato de acreditar em Deus, ou não, não é um pré-requisito para colocar em prática os princípios que iremos discorrer neste livro e tornar o seu relacionamento, incrivelmente, melhor, pois iremos falar de psicologia humana retirada da Bíblia, ou comportamentos ideais. Você terá. Talvez, uma visão da Bíblia que nunca teve, após a leitura deste livro, e entenderá como extrair riquezas, em qualquer área da sua vida, deste livro magnífico: a Bíblia.

A Bíblia é o "best seller" de todos os tempos, é o primeiro livro a ser impresso e é um dos três livros mais antigos da humanidade. Ela tem algo, no mínimo, místico e deve ser estudada sem tabus.

Neste pequeno livro, irei utilizar a Bíblia para discutir, apenas, a questão de relacionamento conjugal, embora ela possa ser utilizada para resolver qualquer problema e em qualquer área da vida de qualquer ser humano. Depois de aprender como utilizá-la, você irá perceber que, somente um Deus seria capaz de escrever algo tão sublime e atual. A grandeza desse livro comparada à pequenez do ser humano o deixará maravilhado!

Tomemos a base de um fragmento da primeira carta escrita pelo apóstolo São Paulo aos Coríntios no capítulo 13

> "Ainda que eu fale a língua dos homens e dos anjos, se não tiver amor, serei como um sino que ressoa ou como o prato que retine. Ainda que eu tenha o dom de profecia e saiba todos os mistérios e todo o conhecimento, e tenha uma fé capaz de mover montanhas, se não tiver amor, nada serei. Ainda que eu desse aos pobres tudo o que possuo e entregasse o meu corpo para ser queimado, se eu não tiver amor nada disso me valer..."

Antes de falarmos, especificamente, do capítulo 13, gostaria de ressaltar o verso 31 do capítulo anterior, como uma breve introdução, pois sabemos que a Bíblia foi escrita como uma carta, e não, originalmente, dividida em versículos.

O apóstolo Paulo começa falando sobre o amor dizendo "(...) e agora eu vos mostrarei um caminho mais excelente."

Falaremos, exatamente, desse "caminho", o "caminho do amor", pois todo caminho é para se caminhar, andar sobre ele, e, se caminharmos, vamos chegar a um objetivo. Nesse caminho do amor, o objetivo é a felicidade no seu casamento, ou seja, o verdadeiro amor.

É comum ouvirmos pessoas dizerem "no meu casamento realmente não há o verdadeiro amor". Outros dizem "se nós nos divorciamos, foi porque não foi Deus que nos uniu", ou ainda "se sofremos, foi porque não amamos um ao outro."

A grande verdade é que o verdadeiro amor deve ser construído, porque ninguém o tem ou não o tem por acaso.

Haverá uma grande caminhada até você chegar ao relacionamento feliz e, essa caminhada, é excelente! Deus não privilegia um matrimônio a outro. Deus não faz acepção de pessoas. O amor se constrói como uma casa ou, no nosso caso, como um delicioso bolo. Existe uma receita, a Receita do Amor. A felicidade de um relacionamento deve ser produzida como se produz um bolo por meio de uma receita. Vou te dar os ingredientes e o modo de preparo e caberá a você colocar em prática, e estou certo de que você fará isso.

Nós falaremos dos ingredientes e do modo de preparo e, depois disso, só há um jeito: você colocar em prática os princípios, caminhando nesse caminho excelente.

Será também como uma plantação que você tem que plantar e esperar os frutos!

Eu não acredito que haja amor à primeira vista, mas eu acredito que haja, sim, "paixão à primeira vista". Para mim, paixão é a ilusão na sua mente de que a sua "paixão" é uma pessoa perfeita. Algo no nível de sentimentos, sensações, química, gostos, preferências etc. Uma idealização de tudo o que você sempre sonhou.

A paixão inevitavelmente vai diminuir, ou até mesmo acabar e, geralmente, acaba à medida que você conhece um pouco mais a pessoa, uma vez que percebe que a pessoa é, ou não, o que você imaginou. Às vezes, ela é, outras vezes, não.

Para o amor, porém, não importa se a pessoa é o oposto do que você imaginou. A paixão o faz sofrer. Com este livro, você terá a oportunidade de experimentar felicidade no seu relacionamento por mais problemático que ele seja.

Se você já vive um bom relacionamento, tenho a certeza absoluta de que poderá viver melhor ainda. Também quero que você descarte a infeliz e triste ideia do divórcio.

"Eu detesto o divórcio, diz o Senhor Deus de Israel". (**Malaquias 2.16)**

Disse Jesus

"Foi dito: Aquele que se divorciar de sua mulher deverá dar-lhe certidão de divórcio. Mas eu lhes digo que todo aquele que se divorciar de sua mulher, exceto por imoralidade sexual, faz com que ela se torne adúltera, e quem se casar com a mulher divorciada cometerá adultério". (**Mateus 5:31**)

Se Deus detesta, com certeza o diabo gosta muito de divórcios. Em qualquer circunstância. Jesus disse que, se há divórcio, é porque os corações são duros, nenhum dos dois quer mudar e ambos procuram o próprio interesse.

Jesus respondeu "Por causa da dureza do vosso coração ele vos deixou escrito este mandamento [divórcio em caso de infidelidade]". (**Mateus 10.5**)

Jesus também disse "o que Deus uniu não o separe o homem".

Como ocorre em relação a qualquer um dos outros mandamento, "não matarás" e muitos que matam, "não roubarás" e há muitas pessoas que roubam, "não mentirás" e há pessoas mentindo, da mesma forma o mandamento que diz para não se divorciarem, e muitos não obedecem.

Sabemos que o diabo engana. E uma frase que ele tem usado muito é "O que Deus uniu o homem não pode separar". Essa frase distorce o real sentido do versículo e como fora escrito originalmente. Dizer que o que Deus uniu o homem não pode separar é uma frase diabólica e tem separado muitos casais, porque dirão posteriormente, se houver separação, que não foi Deus quem os uniu.

O Versículo correto é um convite a não se separar, um mandamento, "o que Deus uniu não separe o homem".

Estar em um relacionamento até que a morte nos separe não é uma fatalidade, mas um objetivo a ser alcançado com toda a dedicação, pois todo casamento foi Deus quem uniu, ainda que não tenha sido a vontade Dele.

Você decidiu se casar com a pessoa que você mesmo escolheu e não mudou mais de opinião, mesmo que Deus o tenha mostrado, por meio de evidências, que vocês não pensavam da mesma forma e que a psicologia dos dois não era compatível. Vocês tentaram resolver os problemas se casando.

Deus foi a primeira testemunha no dia do seu casamento. Isso porque Ele respeita mais a sua vontade do que a Dele em relação a sua liberdade de escolha. É como se Ele estivesse ali como uma das testemunhas e perguntasse pela última vez "Vocês têm certeza de que irão se casar? Eu vou ser a primeira testemunha, apesar de não concordar, e vocês terão que cumprir os votos até que a morte os separe." Veja

Não importa, contudo, o quanto complicado seja o seu relacionamento, pois até o mais complicado relacionamento pode ser melhorado.

Se pelo menos um dos dois seguir essa receita do amor, esse casal será um casal feliz e só o fato de você estar lendo esse livro significa que você está buscando e sendo um dos dois em busca da felicidade. Pode durar alguns meses ou alguns anos, não importa, mas o certo é que se colocar em prática até acontecer, irá acontecer!

Parece contraditória essa última frase, mas não é. É como uma pessoa que começa a fazer um delicioso bolo de chocolate, pela primeira vez. Provavelmente não há muita prática e não será fácil, além do mais, poderá desanimar e desistir antes de terminar e não vai sentir o gosto do delicioso bolo, ou um bolo do seu sabor favorito. Assim como prepara uma receita esperando degustar, depois, da mesma forma, você sonha em ter um relacionamento feliz e não tem muita prática, mas se tiver determinação, - até o fim - com certeza irá desfrutar de um relacionamento feliz.

Para que exista um divórcio, é preciso ter existido um matrimônio. Deus detesta o divórcio e sabemos que toda desobediência é pecado e gera a morte, pois Deus deixou um mandamento: "Portanto, o que Deus ajuntou, não o separe o homem". (Marcos 10.9)

É uma triste realidade que muitas pessoas estejam desobedecendo esse mandamento e seguindo um caminho doloroso, triste e diabólico chamado divórcio. Prejudicando sonhos, filhos, familiares, amigos, saúde, prosperidades etc.

Você pode dizer, "Mas Deus permite separar - se em caso de traição". Permite, mas permitir não é querer. Como já disse, Deus respeita a sua decisão e a separação é somente nessa situação, mediante essa infeliz realidade chamada adultério. Deus quer, contudo, que você perdoe. Por isso, o amor se mostra forte, não por você amar uma pessoa perfeita, mas sim por amar uma pessoa imperfeita. Quando você decide amar uma pessoa imperfeita, esse amor torna-se forte por si só. Sejamos sinceros, quem é perfeito? Ninguém.

Deus te considera como um adúltero quando você peca e, mesmo assim, Ele te perdoa. Vá, faça o mesmo e perdoe se for o caso.

Agora que você entende que só a morte deve separar um casal, deve estar se perguntando "então eu devo sofrer até morrer?" Não! Olha o que Deus quer

> "Porque sou eu que conheço os planos que tenho para vocês, diz o Senhor, planos de paz de não de mal, para vos dar o fim que esperais." (Jeremias 29:11)

Saiba que Deus é a pessoa que mais quer ver você feliz! Ele deseja isso mais que teu melhor amigo! Deus quer tua felicidade mais do que o teu melhor amigo seria capaz de desejar.

Vamos começar a nossa caminhada em direção à felicidade no relacionamento? Esteja bem atento e comece a anotar os ingredientes e o modo de preparo, pois vamos começar A Receita do Amor.

Esteja atento, pois você é quem vai colocar a mão na massa. Você que vai colocar em prática os ensinamentos que vamos aprender no seu relacionamento. Esses serão os ingredientes e o modo de preparo que vamos aprender aqui.

Só através desse caminho se poderá ter essa felicidade. O caminho da prática. Às vezes, ao fazermos um bolo, sujamos muita coisa, cansamos nossas mãos e suamos. Depois, ainda vem o fogo para assar o que parece ruim, mas é para provar a massa. Da mesma forma, você vai se cansar algumas vezes, vai suar, vai pensar em desistir e, perto do final, virá uma espécie de fogo que será às situações delicadas que você irá passar no seu relacionamento, mas, se for até o fim, vai desfrutar de um delicioso relacionamento!

> "E não nos cansemos de fazer o hem, pois no tempo próprio colheremos, se não desanimarmos, portanto,, enquanto temos oportunidade, façamos o bem a todos, especialmente aos da família da fé. " (**Gálatas 6:9**)

Fique firme . até o seu relacionamento ficar agradável! Não desanime! Deus quer sua felicidade!

> "O Amor é paciente, o amor é bondoso. Não inveja, não se vangloria, não se orgulha. Não maltrata, não procura seus interesses, não se ira facilmente, não guarda rancor. O amor não se alegra com a injustiça, mas se alegra com a verdade. Tudo sofre, tudo crê, tudo espera, tudo suporta." **I Coríntios 13**

Com isso, entendemos que sem amor tudo perde o valor, até uma conversa à mesa em vez de uma TV. Haverá momentos em que você perderá a paciência, mas no versículo 4 está escrito que o amor é paciente. Esse é o primeiro ingrediente: PACIÊNCIA. Vamos ver como será o Modo de preparo?

"o amor é paciente..."

Não significa que se você não está tendo paciência, é porque não existe amor. Pelo contrário, vocês vão ter momentos de impaciência, mas devem negar – se à própria vontade, dizer não à impaciência e, mesmo assim, ser paciente.

PACIÊNCIA SÓ EXISTE COM UM PROBLEMA! O verdadeiro amor e a felicidade são como um bolo delicioso, em que você toma nota de todos os ingredientes, o modo de preparo e coloca a receita em prática. O primeiro ingrediente é ter paciência.

O que você pensa mais cedo ou mais tarde se tornará realidade! O que você diz acontecerá! Você consegue ter paciência, sim! Se você souber os ingredientes e o modo de preparo, mas não colocar em prática, terá apenas uma imaginação de como seria bom e delicioso esse bolo que você está imaginando agora mesmo.

Do mesmo modo, você precisa colocar sua paciência em prática a partir de agora.

Vou te dar a receita e modo de preparo do casamento feliz e perfeito à luz da Palavra de Deus, mas se você não colocar em prática, vai ficar apenas com essa imaginação de felicidade no casamento, que está imaginando agora, ou desejando ser feliz como algum casal que você conhece.

Nunca ouça pessoas que dizem que felicidade no casamento é ilusão, pois essas pessoas dizem isso para justificar a preguiça de mudar o próprio caráter e essa mudança de caráter exige esforço.

Decidir ser paciente, quando você está prestes a explodir, exige muito esforço, muita força de vontade e de mudança. Relacionamento agradável exige tempo, dedicação, esforço, dinheiro. Tudo que possui valor nesta terra, exige-se tempo, esforço, dedicação, dinheiro.

Veja um diamante, por exemplo, ele é valioso, mas para chegar a mostrar o brilho, alguém teve que decidir lapidá-lo.

Se o lapidador parar o processo no meio, ele não terá o mesmo valor e não será admirado. Ele não causará admiração em ninguém. Não ouça pessoas negativas, pois essas pessoas não têm paciência e sim comodidade.

A receita diz "o amor é paciente". Quando perceber que está impaciente, pare, respire fundo, se precisar, espere uns 2000 mil minutinhos e lembre-se que o verdadeiro amor é paciente. Decida ser paciente! Se eu quero o verdadeiro amor, devo ser paciente, então lute contra esse sentimento de impaciência e sejam pacientes um como outro. Muitas traduções dizem: "o amor é sofredor, é benigno, só faz o bem". Ter paciência com pessoas perfeitas é muito fácil, na verdade, é só manter a paciência. Fazer o bem às pessoas que não te incomodam é muito fácil. Na verdade, o amor mostra - se paciente com pessoas imperfeitas e problemáticas.

Caso apareça um problema para ser resolvido, não se desespere e não fale nada precipitadamente para não se arrepender depois. Quando aparecer uma situação complicada, lembre-se que o primeiro ingrediente para um casamento feliz é ser paciente e só fazer o bem. Domine os seus impulsos e seja paciente! Saiba ficar em silêncio. O segredo é que uma pessoa só pode se mostrar paciente quando enfrenta um problema, uma tensão, mas o que vemos são pessoas que perdem oportunidades de serem pacientes ao passarem por problemas.

Não se preocupe! Se você não conseguir ser paciente na primeira oportunidade, saiba que se leva bastante tempo para nos tornarmos pacientes, talvez meses, ou anos. Ok, mas nunca desista de praticar a paciência, pois assim estará amando!

Sempre tenha um espírito aprendiz e cuidadoso, e peça paciência a Deus, pois Ele te ama muito e vai ajudar você.

Quando tiver muitos problemas para resolver, tenha muita paciência! **Jesus disse "na vossa perseverança ganhareis as vossas almas" Lucas 21:19.**

Temos que ficar pacientes até a hora da colheita, pois **"O que ajunta no verão é filho sábio, mas o que dorme na sega é filho que envergonha. Bençãos há sobre a cabeça do justo, mas a violência cobre a boca dos ímpios." Provérbios 10.5-6**

Vamos ser sóbrios, não agir violentamente um com o outro.

Devemos ser bondosos.

Se você se ofendeu com uma palavra, não revide. Se colocaram culpa em você injustamente, não perca a paciência e espere o momento e a forma certa para se explicar. Seja paciente! Decida ser paciente!

Minha mãe me ensinou a colocar algum objeto que nos faça lembrarmo-nos sempre, por exemplo, uma pulseira, ou um anel. Algo que visivelmente nos faça lembrar. Um objeto na cozinha, ou na sala, que tenha um significado claro para você. Por exemplo, vou colocar esse quadro aqui para que eu possa me lembrar de que devo me calar no momento crítico! Vou colocar essa pulseira pra me lembrar que devo ser paciente em uma discussão mais acalorada. Quando eu estiver em uma situação crítica, e olhar para esse quadro, pra essa pulseira eu vou me calar, eu vou ser paciente! Isso pode ajudar muito.

"O amor é bondoso"

Saiba que dentro do seu coração existe o BA (Banco do Amor) em que a moeda é o UA (unidade de amor). Se você não está fazendo depósitos na conta do coração do seu cônjuge, você precisa começar, pois como você irá fazer saques se não há nada lá? Seria como alguém esperar uma colheita sem ter plantado nada. Como você espera um carinho, se não planta um olhar de ternura? Para você colher um sorriso, primeiro tem que plantar um "você é meu amor!".

Para ouvir um "eu te amo" deve plantar, primeiramente, um "por favor, perdoe-me."

Estou fazendo a revisão ortográfica neste livro e, após ler esta parte, acabei de mandar um" eu te amo" à minha esposa. Vamos investir!

Se você tem a consciência de ser bondoso, isso independe das atitudes de outros. Uma pessoa bondosa jamais muda, mesmo que ela sofra o mau por parte de alguém. Decida ser uma pessoa bondosa.

Muitos exigem muito e isso é falta de bondade, pois uma pessoa bondosa aceita as pequenas faltas sem criar uma confusão. Muitas pessoas esquecem a bondade e causam uma reação exagerada por faltas pequenas. Seja uma pessoa bondosa e não exagere no castigo de alguém se a falta foi algo simples.

Um erro pequeno não deveria ter a reação de um erro muito grave ou inaceitável. Existem coisas que você pode não suportar, que precisam ser deixadas de forma clara por você, mas, às coisas que são menos importantes, não dê uma atenção exagerada. Como diz a canção do Djavan, "Não vá levar tudo tão a sério, sentindo que dá, deixa rolar".

Essas fórmulas mágicas, de resultados fáceis, não existem! Muitos prometem dinheiro rápido, isso não existe! Sem esforço, não existem resultados satisfatórios!

Não existe fórmula mágica sem esforço e dedicação, e não existe amor de micro-ondas. Devemos plantar se quisermos colher e não podemos desistir do pouco que plantamos, pois assim como numa plantação, virá sol, chuva, animais, pragas e ventos até colhermos os frutos. Dessa forma também será sua receita de relacionamento feliz!

Também haverá chuvas de problemas e brigas, sol da insensibilidade, impaciência e do cansaço, assim como existem pessoas destruindo relacionamentos por inveja, cobiçando o cônjuge de outros. Não ouça pessoas que, por não conseguirem mudar sua forma limitada de pensar, estimulam outros a desistirem de ir em busca dos seus sonhos.

Albert Einstein disse *"Recompensa só vem antes do trabalho, no dicionário."*

É a mais pura verdade!

Antes de jantarmos, alguém tem que ter feito a janta e, antes disso, alguém teve que plantar o alimento. O segredo é ir praticando e avançando, sempre! Sem desistir! Vá depositando paciência no Banco do Amor sem querer, logo em seguida, fazer retirada de unidades de amor.

Veja alguns exemplos de unidades de amor para as lindas esposas e os "maridões" apaixonados depositarem: descobrir o que o cônjuge gosta e fazer. Compre, vista, presenteie, fale e seja o que o outro gosta. Descubra o que o outro não gosta e nunca faça, nunca compre, nunca vista nem fale, pois fazer o que o outro não gosta é como fazer retiradas no banco. Cuidado para não "entrar nos juros"!

Se você sabe o que outro não gosta, não seja nem fale! Tenha criatividade. Um chocolate, rosas, churrasco, roupas. Palavras como "eu preciso de você"; "você é tudo o que eu sempre quis"; eu te amo"; perdoe-me; "ajude-me a ser o que você quer que eu seja"; "ajude-me a sempre te agradar"; "eu o perdoo"; "somos uma equipe"; "você é meu melhor sócio"; "não sou melhor nem pior do que você"; "somos apenas diferentes"; "não sou superior a você", "somos desesperadamente interdependentes" e "mesmo que eu esteja sozinho, não me sinto sozinho porque você faz parte de mim".

Criatividade! Ajude o trabalho do outro. Saiba que as palavras, e tudo o que se ouve, tem um poder muito grande de influência. Se você ouvir muita música romântica, você vai acabar sendo um pouco mais romântico. Se você assistir a programações na TV que só tenham brigas, divórcios e adultérios, mais cedo, ou mais tarde, consciente ou inconscientemente, começará a agir da mesma forma.

Assim, filtre o que tem ouvido e assistido e ouça e veja sempre algo que vá ajudar no seu relacionamento. Escolha alguns filmes que sejam românticos, ainda que não goste. Somente assim vai usar uma grande ferramenta para construir sua felicidade: o cérebro!

Essa máquina, que se chama cérebro, pode ajudar ou prejudicar seu relacionamento de forma consciente ou inconsciente. Ouça e veja coisas que estejam de acordo com o que você diz e isso vai acabar se tornando real! Ouça músicas que dizem o que você deseja! Lembre-se que o que você pensa e fala, mais cedo, ou mais tarde, acontecerá.

> **"Eu trarei mal sobre este povo, o próprio fruto dos seus pensamentos. porque não estão atentos às minhas palavras, e rejeitaram a minha lei." (Jeremias 6:19)**

Entenda que Deus não vai castigar quem pensa coisas ruins. O que Deus tenta nos alertar é o que, o pensamos será realidade! Deus nos ama e procura nos alertar através da Bíblia. Ele procura nos mostrar como funciona toda a existência e não somente o que é aparente na percepção.

"O amor não é invejoso"

Não tente ser o melhor, mas faça o outro se sentir melhor que você. Não espere o melhor para você, antes, faça o melhor para o outro. Lembre-se que tudo isso será como um bolo difícil de fazer, mas depois vai saboreá-lo.

Se você não praticar esses princípios porque o outro não faz, Deus não tem como trabalhar, pois os dois não querem e Deus respeita mais a sua vontade do que a Dele. Está aí uma das respostas para todas as desgraças da humanidade, A grande maioria das pessoas infelizmente não quer a ajuda de Deus. Não permita que aconteça com o seu casamento o que acontece com a maioria dos casamentos que vão por água abaixo! Como diz sempre minha querida mãe, "Quando um não quer dois não brigam"

Ocorre que, você deve aceitar e praticar esses princípios, esses segredos, mesmo que o outro não queira, pois Deus precisa de pelo menos você para abençoar os dois e, consequentemente, toda a família.

Certa vez eu ouvi que uma pessoa não tem problema financeiro, mas sim falta de conhecimento financeiro. Não existe problema profissional, mas falta de conhecimento profissional. Não existe problema conjugal, mas sim falta de conhecimento conjugal!

Casamento não é uma competição! Não. Os dois não são adversários. Não pode haver inveja, pois não é uma disputa pelo poder ou pelo próprio bem-estar. A sua luta deve ser focada no bem-estar do outro. Esqueça pensamentos do tipo, "mas eu preciso disso", "eu quero isso" "só faço isso quando receber aquilo", eu mereço "tal coisa". Se você for por esse caminho, saiba que você provavelmente já agiu assim e não teve bons resultados.

Se agir com próprio interesse, saiba que não é o caminho do amor e não será possível chegar à felicidade no seu relacionamento. O caminho do amor já existe e nele você deve buscar o bem-estar do outro. Autopiedade deve ficar longe de você.

Quando estiver negando a própria vontade, não aja de forma arrogante ou sarcástica. Como o amor não é invejoso, já não pode haver no caminho do amor espaço para inveja. Quando for desejar o que é do outro, lute contra esse sentimento e se alegre com a alegria do outro, ainda que por um momento ele não queira partilhar com você.

Surgirão momentos que você será tentado a invejar ou competir, como a competição pelo controle remoto de TV por exemplo. O controle da TV é um pequeno exemplo, simples e engraçado de como o amor é infinito. Se a mulher realmente ama o seu marido, quer que ele fique com o controle e entrega a ele para agradá-lo, mas, se o marido sabe que ela também o quer, para agradá-la, passa o controle a ela.

Mais profundo ainda, ela fica com o controle só para realizar o desejo dele de satisfazê-la, o que gera uma certa desvantagem para ela, pois, no fim, ele fez melhor coisa. Ela vai querer devolver. Como o amor é o oposto da disputa, ninguém vai querer ficar com o controle.

Cuidado para que não vire uma briga em que se obriga o outro a aceitar o controle da TV, ou voltará à disputa. Uma disputa para não ter o controle. Penso que a melhor opção é desligar a TV e ir namorar.

Não pode haver inveja.

> Você dirá: "Como odiei a disciplina! Como o meu coração rejeitou a repreensão! Não ouvi os meus mestres nem escutei os que me ensinavam. Cheguei à beira da ruína completa, à vista de toda a comunidade". Beba das águas da sua cisterna, das águas que brotam do seu próprio poço. Por que deixar que as suas fontes transbordem pelas ruas, e os teus ribeiros pelas praças? Que elas sejam exclusivamente suas, nunca repartidas com estranhos. Seja bendita a sua fonte! Alegre-se com a esposa da sua juventude. Gazela amorosa, corça graciosa; que os seios de sua esposa sempre o fartem de prazer, e sempre o embriaguem os carinhos dela. Por que, meu filho, ser desencaminhado pela mulher imoral? Por que abraçar o seio de uma leviana? Provérbios 5.12-19)

Aqui, a mulher é comparada a uma cisterna e, assim como uma cisterna, leva-se tempo para cavar até chegar na água e há que tirar muita terra. Talvez, também no seu relacionamento, leve um certo tempo para tirar as mágoas, os traumas, esquecer duras palavras ditas e esquecer atitudes que magoaram você ou o teu cônjuge, que são como terra no seu coração ou no coração do cônjuge.

Essas são palavras e atitudes que precisam ser retiradas como terras de um poço até chegar na água que representa refrigeração, descanso, revigorar as forças, ou até mesmo a felicidade e perfeição no seu casamento.

Talvez esse poço já exista, mas está cheio de entulhos que são as confusões e a rotina. É necessário, portanto, ser criativo e tirar tudo o que atrapalha a felicidade no seu casamento. Sejam palavras, atitudes etc.

"O amor não se vangloria"

Quando sentirem vontade de buscar a própria honra repetindo os próprios bons feitos, ou exigir o reconhecimento do companheiro, não vá por esse caminho. A receita do verdadeiro amor diz que: se deve dar e não buscar honra. Olha um conselho de Deus para os maridões

> "Igualmente, vós, maridos vivei com suas esposas com entendimento, dando honra à mulher, como vaso mais frágil, e como sendo elas herdeiras convosco da graça da vida, para que não sejam impedidas as vossas orações. "I Pedro 3.7

Muitos têm orações impedidas por tratarem asperamente a mulher e não dar honra um ao outro, como ensina a nossa receita do amor. Uma coisa comum em alguma conversa mais acalorada, ou uma discussão, é a pessoa, que errou, começar a citar boas atitudes para justificar algum erro.

Isso é vangloriar-se, pois não tem nada a ver com o atual tema da conversa. Isso é uma fuga do atual problema. Não que os bons feitos devam ser esquecidos, mas fica melhor serem lembrado pelo outro e não pela própria pessoa como um autoelogio.

> "Seja outra pessoa quem te elogie, e não a tua boca; um estranho e não tuas próprias palavras!" Provérbios 27:2

Deixe o outro receber o elogio, deixe o outro receber os parabéns, deixe o outro receber a recompensa. Se por vontade própria compartilhar com você, ok. Aja naturalmente. Assim será mais saboroso, pois que graça haveria ouvir um "graças a você eu consegui isso" porém você obrigou a pessoa a te falar isso?

Vou dar um outro exemplo sobre se vangloriar. Já percebeu quando o marido toma uma decisão contra a vontade da esposa e que ao final deu tudo errado? Nesse momento, a mulher começa a humilhar o esposo, vangloriar-se dizendo "Eu avisei, eu disse que daria errado" etc. O que representa essa atitude? Vangloriar-se.

Seja compreensiva, diga "Tudo bem. Vamos resolver isso".

Uma mulher que age assim é uma mulher sábia, uma vez que o marido já percebeu que deveria ter ouvido a esposa, pois é visível que deu errado mesmo ela avisando. Na próxima, o marido vai ouvir mais a esposa, porém, se após a uma situação como essa, a esposa começar a humilhar o marido, ela só vai causar mais problemas por tentar humilhá-lo.

Claro que esse exemplo serve para o marido também que não deve humilhar a esposa após ela ver que desprezou um conselho do marido. Seja bondoso e não se vanglorie diante de uma situação que você tenha razão.

Se você realmente fizer o outro o alvo para honrar, não haverá lugar para tristezas, mas não espere recompensa, porque se começar a honrar o outro esperando algo em troca, é porque está presente o "interesse próprio" que é extremamente destrutivo.

Faça a sua parte e não fique sempre à espera que o outro faça primeiro ou retribua. Os frutos virão por si só. Se tentar colher os frutos antes da hora, comerá frutos verdes, como um bolo cru com gosto de mal assado. Espere a massa passar pelo fogo e, quando você suportar o fogo de colocar essas coisas em prática, você vai se deliciar com um lindo e delicioso bolo. Um lindo e delicioso relacionamento.

O fogo representa os momentos em que terá a oportunidade de ser paciente em uma situação delicada. Sentirá como um fogo no seu ego quando conseguir fazer o bem quando sofrer o mal; não disputar por uma coisa que os dois querem, o que poderia queimar você por dentro de raiva , desânimo, porém seja mais forte que suas emoções, sentimentos e instintos. Afinal, você é ou não é um ser racional?

Quando acabar de passar por este fogo, vai experimentar um delicioso relacionamento! Pode durar um ano, apenas semanas não sei. O que eu sei é que, se você resistir até colher os frutos, irá-colher.

Se esperar o fogo assar bem, vai comer um delicioso bolo!

Ceder. Esta é a palavra perfeita! Ceder não quer dizer que você está errado. Existem quatro dimensões para vencer e conquistar a atitude de ceder e se você quiser o verdadeiro amor tem que estar na quarta dimensão da atitude de ceder.

A primeira dimensão são pessoas que estão erradas, mesmo assim não cedem. Esse tipo de pessoa está longe de conseguir qualquer coisa boa em relacionamentos.

A segunda forma de ceder é estar errado e ceder. É um pouco difícil e constrangedor assumir um erro, ou reconhecer que estava errado, mas ao mesmo tempo é uma atitude nobre!

A terceira, é estar certo e não ceder por estar certo. Afinal você está certo! O que parece justo, mas isso é o normal e o normal hoje em dia, significa ser igual a maioria, porém hoje também é normal casamentos destruídos.

Agora a mais difícil é estar certo e mesmo assim ceder. Isso é divino! Olha o que Jesus - O Cristo -, que dividiu a história em antes e depois de Cristo disse a respeito do assunto

"Vocês ouviram o que foi dito: Ame o seu próximo e odeie seu inimigo' Mas eu lhes digo: Amem os seus inimigos e orem por aqueles que os perseguem, para que vocês venham a ser filhos de seu Pai que está nos céus. Porque ele faz raiar o seu sol sobre maus e bons e derrama chuva sobre justos e injustos. Se vocês amarem aqueles que os amam, que recompensa vocês receberão? Até os publicanos fazem isso! E se saudarem apenas os seus irmãos, o que estarão fazendo demais? Até os pagãos fazem isso! Portanto, sejam perfeitos como perfeito é o Pai celestial de vocês. "
Mateus 5:43

Não queira realizar a sua vontade em primeiro lugar, mas busque primeiro a do outro e que o seu alvo seja a vontade do outro. Que a sua vontade seja fazer a vontade do outro. Assim, serão os dois uma só pessoa. Isso tudo com santidade e sem aproveitar ocasião para dar lugar a imoralidades sexuais. Que o seu objetivo seja a satisfação do outro. Lembre-se que buscar o próprio interesse é muito prejudicial:

"Não busque se agradar, ou os próprios interesses, por um tempo e seu relacionamento irá naturalmente te agradar depois. Não estou falando aqui que você deva suportar violência isso é caso de polícia. Estou falando de coisas do dia a dia apenas seu ego sairá ferido.

Plante e deixe que os frutos vão nascer naturalmente no tempo certo.

Não se preocupe nem perca tempo forçando algo que virá naturalmente.

Seguir o caminho de sair sempre "vitorioso". de uma situação não é o caminho que estamos estudando. Lembre-se que vocês não são adversários, e que juntos lutarão e vencerão qualquer obstáculo!

"Mas sempre juntos! Sede sóbrios, vigiai, porque o diabo, vosso adversário, anda em derredor, bramando como leão, buscando a quem possa tragar." **I Pedro 5.8**

A palavra satanás significa adversário ou opositor. É claro que se você desejar ir em busca dessa felicidade, irá enfrentar dificuldades e obstáculos. Adversidades (satanás), oposições (satanás) porque se você for até o fim, verá que a Bíblia é a verdade absoluta.

Por que tudo o que é bom é difícil se concluir, e por que errar o alvo é sempre mais fácil?

A tradução exata da palavra pecado escrita na Bíblia para o português é "errar o alvo".

Já percebeu que às vezes você faz o que não quer e depois fica com peso na consciência? Outras vezes deseja fazer algo bom e parece que tudo dá errado? Aí está o segredo. É claro que jogar flechas para qualquer lado é mais fácil, mas acertar o alvo é mais difícil. Assim, sempre que quiser algo bom, vai aparecer oposições e saiba que essas adversidades pensam, são extremamente inteligentes e se chama satanás.

Jesus veio para nos ensinar como o diabo trabalha e como o venceremos. Jesus ensinou que o diabo existe e é muito inteligente e não tem a forma de um ser humano de chifres, mas de problemas que surgem quando você começar a fazer algo bom. Essa é a real forma de satanás. As adversidades.

> "O ladrão (diabo) só vem para roubar, matar e destruir; eu (Jesus) vim para que tenham vida, e a tenham em abundância. " **João 10:10**

Quem tem roubado sua paz, matado seus sonhos e destruído seus projetos é o diabo e, sendo ele o mau, é claro que ele vai colocar a culpa em Deus.

O diabo manipula o teu pensamento dizendo "o diabo não existe."

Continue lutando pela sua felicidade e não desista, pois você irá desfrutar de felicidade no seu casamento.

Se o casal está um contra o outro, saiba que o diabo está ganhando o casal, porque Deus não deseja que ninguém no mundo sofra, mas a nossa parte é conhecer a vontade de Deus por meio da Bíblia e não continuar fazendo o que Deus proíbe. Deus proíbe algumas coisas para o nosso próprio bem.

Não deveríamos plantar o que produzirá dor e sofrimento. Se não há quem ceda, os dois estão perdendo, mesmo que uma das partes esteja com toda a razão.

Lembre-se sempre da quarta dimensão da atitude de ceder. Nunca se deve olhar para o companheiro com um olhar de superioridade, nem em pensamento. Não aceite ter pensamentos de superioridade intelectual ou espiritual acerca do seu companheiro, porque é uma das coisas que o Senhor Deus detesta, os olhos altivos.

"O temor do Senhor consiste em odiar o mal: odeio o orgulho, a arrogância, o mau caminho, e a boca perversa" **Provérbios 8.13**

E ainda

"Há seis coisas que o Senhor odeia, e a sétima a sua alma abomina: olhos altivos..."**Provérbios 6.16**

Não permita, em hipótese alguma, pensamentos de que o seu companheiro é inferior (mesmo que seja). Antes, procure compartilhar seus conhecimentos com todo carinho, aceitando ouvir com todo respeito as diferentes opiniões.

"O conselho da sabedoria é: procure obter sabedoria; use tudo que você possui para adquirir entendimento. Acima de tudo, guarde o seu coração, pois dele depende toda a sua vida. Afaste da sua boca as palavras perversas; fique longe dos seus lábios a maldade. Olhe sempre para a frente, mantenha o olhar fixo no que está adiante de você." **Provérbios 4:7.**

Também, quando um estiver compartilhando algo e você já sabe, tente aprender mais um pouquinho. Ouça sempre o que o outro tem para compartilhar, mesmo que você já entenda do assunto. O sarcasmo não é um bom ingrediente.

É como jogar areia na receita de um bolo em vez de açúcar. As vezes sua arrogância pode ser um simples silêncio.

"O homem que não tem juízo ridiculariza o seu próximo, mas o que tem entendimento refreia a língua. Quem muito fala trai confidência, mas quem merece confiança guarda o segredo. **Provérbios 11:12**

E mais

"Quem corrige o zombador traz sobre si o insulto: quem repreende o ímpio mancha o próprio nome. Não repreenda o zombador, caso

Quanta riqueza se tira da Bíblia!

Não se ensoberbece

Haverá situações em que um sairá com razão em certos assuntos. Isso não lhe dá o direito de desprezar o outro por você estar certo. Essa é a oportunidade do outro de ceder, ou de reconhecer e se humilhar por estar errado.

Entenda que, situações inversas surgirão. Sempre que o orgulho aparece, logo depois vem algo para nos destruir, então não permita esse tipo de sentimento na sua receita.

É como se a autoconfiança, ou amor próprio, fossem o fermento do bolo, porém, se tiver muito fermento (muita auto confiança), virará soberba, que irá estragar a massa.

"O orgulho vem antes da destruição; o espírito altivo, antes da queda. " **Provérbios 16:18**

Quando perceber que tem soberba querendo entrar em seu coração (suas decisões), ou seja, querendo estragar seu bolo, você resiste a esse sentimento chamado arrogância, resiste a essa soberba.

Não permita que ele interfira nas suas atitudes, pois suas atitudes serão sempre amorosas.

Não se porta inconvenientemente

Um certo dia, eu estava na fila de um supermercado em Lisboa, quando uma senhora apareceu à porta de entrada e tentou falar algo com o marido, o senhor gritou: "Vai-te embora!" e fez um sinal bruto para que ela fosse embora. A mulher praguejou e saiu xingando.

Não preciso comentar a indecência de ambas as partes. Ele agiu ridicularizando - a publicamente e ela xingou o publicamente também.

Existem outros casos em que o casal não sabe, mas todos percebem quando estão tristes um com o outro. O respeito e a concordância em tudo ajuda muito.

É triste ver casais desprezando ou depreciando seu amor seja por brincadeiras ou não. Inconscientemente eles começarão a fazer o que ouvem, seja brincadeira ou não.

O cérebro não apaga uma informação mesmo que seja brincadeira. O cérebro não apaga uma maldade mesmo que depois se diga "foi brincadeira!"

Lembre-se que o seu cérebro vai trabalhar a seu favor, ou contra você.

Mas eu vos digo que de toda palavra sem sentido que os homens proferirem hão de dar conta no dia do juízo. Pois pelas tuas palavras serás justificado e pelas tuas palavras serás condenado. " **Mateus 12:36**

Saiba que tudo o que você fala é como semente e mais cedo ou mais tarde sendo brincadeira ou não vai brotar mesmo que não tinha o propósito de plantar algo ruim. Querendo ou não você está plantando tudo o que fala e vai colher. O que Deus quer ensinar é que Ele não castiga. Ele só está querendo dizer mais ou menos assim

Seres humanos, tomem cuidado como que vocês falam, pois as palavras têm poder criativo! Cuidado com as palavras, porque elas são como sementes. Elas são sementes e nelas está o poder criativo. A doença e a saúde estão na palavra. A felicidade ou a tristeza estão nas palavras como estas que você está lendo agora e que estão lhe dando vida por dentro! Eu não tenho nada a ver com o que você tem falado! Eu quero que seu relacionamento não seja destruído.

"Do fruto da boca enche-se o estômago do homem; o produto dos lábios o satisfaz. A vida e a morte estão no poder das palavras. Os que gostam de usá-la comerão do seu fruto. " **Provérbios 18:20**

Isso é tão verdadeiro como este livro em suas mãos! Por exemplo a morte no poder das palavras. Imagine que você chegue em casa e sem tirar as mãos dos bolsos, comece a praguejar e falar mal de alguém e a ofender. Que tipo de ambiente vai haver neste lugar após essas palavras ecoarem na sua casa?

Claro que um ambiente ruim. E nem precisou usar as mãos. Bastou o poder das palavras. Agora, imagine quando você chegar em casa e começar a dizer que ama, faça um elogio mesmo sem motivos, diga coisas amáveis ao outro, diga que está tudo perfeito e que você ama estar junto do seu companheiro.

Sem utilizar as mãos, mais uma vez, após falar tudo de bom e ignorar o desejo de maldizer, que tipo de ambiente vai estar na sua casa? Claro que é um ambiente de paz e aconchego.

Que tipo de sons tem entrado na casa pela sua TV? Lembre-se de usar seu cérebro ao seu favor sempre que ouvir algo bom consciente ou inconscientemente irá começar a reagir da mesma forma.

Uma boa dica é a de quando for criar senhas na internet, use palavras passe como "amo minha esposa"; "amo meu marido até em pensamento". Senhas de e-mails e mídias sociais com frases que vão o ajudar a lembrar quem você é e quem você ama!

Cante! Componha músicas! Faça uma serenata sem querer algo em troca e quando presentear, espere receber um balde de água fria. pois se receber um balde de água fria, não vai se decepcionar, pois já estava preparado. Decida não fazer por interesse e com isso não vai buscar vingança. Faça o melhor sem esperar recompensa! Esse é o segredo! É simples! Não queira nada em troca! Parece ruim essa ideia? Só parece! Agora, se fizer algo bom e receber rosas em troca, se ao fazer o bem, ganhar um sorriso em troca, ótimo! É sinal de que já começou a colher os frutos!

Um dia eu vi uma mulher brigando com o marido por ele ter lavado as louças e não ter colocado de forma correta no escorredor! Eu pensei comigo que já é difícil um homem lavar um copo que seja!

Ela tinha que ter dado uma festa porque ele quis ajudá-la de alguma forma, apesar de não fazer exatamente tudo como ela esperava.

Da mesma forma que uma mulher acha importante uma simples frase escrita em guardanapo, os homens gostam de receber elogios mesmo que seja elogios vindo de apenas uma mulher durante toda a vida.

Por que não escrever? Por que não fazer elogios? Muitos casais com trinta anos de casamento ainda lembram da ofensa que ouviu durante o namoro, mas são incapazes de lembrar as palavras amáveis que falaram há um mês, uma semana, ou ontem.

Existe um outro pensamento destruindo os casais deste século que é "se eu fizer só o bem, ele ou ela não vai me valorizar". Isso faz voltar para a atitude de buscar o próprio interesse.

Não busque o seu próprio benefício. Leia mais livros sobre relacionamentos tudo o que aprender será bom o que não for bom, descarte.

Leia livros de psicologia feminina, elas pensam diferente. Leia livros de psicologia masculina, eles pensam diferente. Se seu marido lavou a louça, mas não organizou certinho, "não busque seus próprios interesses" querendo tudo do seu jeito.

Eu lavo sempre as louças porque eu gosto. Morei sozinho muito tempo e detesto fazer limpeza, mas amo cozinhar e lavar a louça, de tal sorte que, para mim, é fácil! Cada casal deve buscar o próprio equilíbrio com entendimento sem machismo ou rebeldias.

Todo casal que não consegue dar certo é porque os dois buscam seus próprios interesses. Se um só não quiser brigar, não haverá brigas! Minha mãe me falou algo um dia que nunca me esqueci "Quando um não quer, dois não brigam".

Realmente, é impossível brigar se um dos dois não quer. Basta apenas um não querer brigar que não terá briga. Se algum casal está se separando, seja qual for o motivo ou o nível da separação, cada um está buscando seus próprios interesses.

Alguém poderá dizer que às vezes fica muito irritado, agitado. Esta e a hora de louvar a Deus, não pelo problema, mas porque é nesta situação que você tem a oportunidade de exercer o seu domínio próprio e não se irritar. Esse é o momento perfeito para mostrar a força do seu amor! Esse é mais um ingrediente do bolo do relacionamento feliz!

Não se irrita

Haverá situações em que você vai ser tentado a se irritar, mas para chegar à felicidade diz: "o amor não se irrita". Mesmo se doer na sua alma, só coração, no orgulho, no ego, no eu, não abra a boca! Só o seu ego sairá ferido! Você se sairá melhor se resistir e não se irritar!

Espere por um momento. Há pessoas que até brincam de contar até dez nesses momentos. Conte até cem, se for necessário, ou mil, mas não se irrite!

Existem caminhos de fuga para você no meio dos teus sentimentos de raiva, vingança etc. Caminhos invisíveis dentro dos seus pensamentos em que você decide ferir o ego, continuar no caminho de se irritar, brigar, vingar, porém, decide manter o relacionamento. Siga caminhos de paz em que seu orgulho ficará ferido por alguns minutos, todavia você colherá bons frutos!

Tenha consciência do que estou falando e não desista na primeira falha! Todo sucesso na vida é uma repetição de erros até alcançar a reação desejada! Não desista! Eu sei que você é capaz!

Domine os seus desejos, pensamentos e sentimentos ruins. Todos sem exceção!

Toda espécie de mau antes de se tornar real, teve que ser primeiro pensado. Um exemplo, alguém que atira em uma pessoa não decidiu no momento de puxar o gatilho. O erro não foi puxar o gatilho, na verdade, o crime aconteceu quando ele aceitou o pensamento decidindo matar muito antes do crime, pois a arma não apareceu na hora de puxar o gatilho. Ele pensou, teve que decidir e comprou uma arma e tudo mais.

Em um casamento não é diferente. Quando acontece um adultério, primeiro, estava acostumando-se a pensar, depois de ficar normal começou a projetar como tomar realidade, e depois infelizmente o ato acontece. Pode ser até prazeroso, mas depois veem muitas dores, pensões, destruição da família, sofrimentos para os familiares e filhos, doenças incuráveis como Aids, Hepatite , herpes. Gravidezes indesejadas, vingança do marido ou da esposa traída com mortes e tudo mais.

O melhor é limpar os pensamentos aprendendo a desfrutar de vida sexual em que não precise de nenhum tipo de subterfúgios para ajudar, como filmes, fantasias, ou imoralidades sexuais.

Tudo começa com uma consciência tranquila e transparente, mas para ser transparente tem que estar limpo.

"Se procederes bem, não é certo que serás aceito? E se procederes mal, o pecado jaz à porta; o seu desejo será contra ti, mas sobre ele deves dominar". **Gênesis 4.7**

Você tem a capacidade e o dever de resistir pensamentos e atitudes ruins. Primeiro, tem a capacidade pois quem tem Jesus Cristo no coração tem o mesmo Espírito de Jesus.

Em verdade vos digo que aquele que crê em mim também fará as obras que eu faço. E as farás maiores do que estas, porque eu vou para o Pai." **Mateus 14:12**

E você tem o dever pois você guardará sua própria felicidade! Com uma mente limpa você deixará de suspeitar mau o tempo todo!

Não suspeita mal

Haverá situações em que o ciúme vai querer dominá-los e agredir verbal ou fisicamente. Geralmente, o homem é mais deficiente nesse sentido. Quero que preste bastante atenção neste exemplo, é muito interessante! Pode alguém sentir ciúmes do seu companheiro com um bebê ou com uma pessoa muito velha?

Se você ver seu cônjuge conversando com um bebezinho ou com uma pessoa muito idosa, sentiria ciúmes? Uma pessoa psicologicamente normal não terá ciúmes. Por que não sentiria ciúmes nessas situações? Porque inconscientemente a sua mente entende que não há possibilidades do seu companheiro o trair com uma pessoa tão velha , ou com um bebê! Agora, se você percebe que seu cônjuge está falando com alguém do sexo oposto, jovem e bonito (o que deve ser evitado ao máximo), você começa a ser dominado por ciúmes e consequentemente, surgem as brigas , ofensas, tratamento áspero e frases do tipo "Não gostei ou não quero te ver conversando com essa pessoa.

Inconscientemente você está dizendo: "você e aquela pessoa têm possibilidades de ficarem juntos". O ofendido, se ainda não havia pensado nessa possibilidade, a partir dessa briga, olhará para a pessoa que estava conversando e se lembrará da briga por causa do ciúme do companheiro.

No subconsciente passa a existir a seguinte frase: "existe a possibilidade de eu ter um caso com aquela pessoa!". Isso se chama cobiça. Uma semente de cobiça foi plantada. Um ingrediente do divórcio foi adicionado!

Astuta cilada do diabo! Querido, não arda em ciúmes, pois você está cavando a própria cova para sua felicidade.

> *O amor é paciente, é benigno; o amor* ***não arde em***
> ***ciúmes***
> **(I Coríntios 13:4)**

"Não acuse alguém sem motivo, se ele não lhe fez nenhum mal". **(Provérbios 3:30).**

Peça para Deus livrar seu casamento de terceiros e de ciúmes exagerados. Se você algum dia teve crises de ciúmes e ofendeu o companheiro, peça perdão e nunca mais tenha uma atitude inconveniente dessas. O. ciúmes exagerado é uma semente ruim que você mesmo planta no seu parceiro. Se não parar de plantar ciúmes exagerado infelizmente vai colher, mas em Nome de Jesus, eu amaldiçoo todas as sementes ruins que você possa ter deixado cair no seu coração consciente ou inconsciente.

O ciúme na medida certa não é ruim, na verdade tudo na medida certa é bom. Um pouco de solidão nos faz produzir arte, um pouco de ansiedade produz expectativa, um pouco de preocupação nos dá mais cautela. Muita solidão produz depressão, muita ansiedade paralisa e causa dores no estômago, muita preocupação rouba a paz e traz pânico, porque o ciúme é o sentimento causado pelo receio de perder, ou seja, zelo ou cuidado, mas deve ser tudo com moderação. Se você tem ciúmes exagerado, então você precisa ter confiança que a pessoa gosta de você.

O amor não se alegra com a injustiças, mas se regozija com a verdade.

Querido, tudo o que tenho ensinado são bons conselhos e princípios bíblicos, que só irão produzir situações agradáveis com certeza, mas o objetivo de tudo o que tenho ensinado é evitar a injustiça e se alegrar com a verdade.

O que é a verdade? Todos os conselhos da Bíblia são a Verdade Absoluta.

"Santifica-os na verdade; a tua palavra é a verdade". **João 17.17**

E mais

"O meu povo é destruído porque lhe falta o conhecimento..." **Oséias 4.6a**

Veja que Deus fala que o seu próprio povo é destruído por falta de conhecimento. Portanto leiam mais sobre o assunto, busque livros mais específicos para o seu caso. Busquem cursos para casais, invista em conhecimento! Invista em entendimento! Invista em sabedoria! Invista tempo, dinheiro e esforço!

Como é feliz o homem que acha a sabedoria, o homem que obtém entendimento,14. pois a sabedoria é mais proveitosa do que a prata e rende mais do que o ouro." **Provérbios 3:13**

Este é um pequeno livro para fazer brilhar a esperança em você, mas você não deve parar por aqui! Lembre-se que ninguém tem problemas financeiros, mas tem falta de conhecimento em finanças. Ninguém tem problemas com os filhos, mas tem falta de conhecimento em educar os filhos! Quem sabe eu escrevo o próximo livro falando sobre educação dos filhos?

"Portanto, o meu povo será levado cativo, por falta de entendimento; e os seus nobres terão fome, e a sua multidão se receará de sede", Isaías 5.13

Essas prisões representam os seus próprios pensamentos. São prisões de pensamentos estabelecidos, preconceitos como "não acredito na Bíblia" sendo que nunca a leu, pensamentos machistas tais como meu avô foi assim, meu pai foi assim e eu serei assim!

Pessoas que sempre tem opiniões prontas e firmes para todas as situações, mas cuja vida está toda destruída, não aceitam conselhos, não aceitam ajuda, não aceitam ser ajudados, ou não querem mudar.

"O caminho do insensato parece-lhe justo, mas o sábio ouve os conselhos." **Provérbios12:15**

"Quem se isola, busca interesses egoístas, e se rebela contra a sensatez."
"Provérbios 18:1.

Mudança de opinião não é fácil. Mudança de atitude é ainda mais complicado. Decida ter um coração amoldável! Essa decisão é sua. E o Senhor o exaltará

"Humilhai-vos perante o Senhor, e Ele vos exaltará" **Tiago 4:10**

Lembro-me quando eu lia esse versículo, eu tinha a impressão que Deus ficava esperando a pessoa se humilhar e obedecê-lo para só depois exaltar. Tinha a mesma impressão de um Pai esperando o filho parar de teimar para dar o presente, mas é um pouco diferente. Na verdade, Deus quer exaltar você mais que você mesmo, mas o Senhor É a própria Palavra. Ele não pode mudar as regras pois Ele não muda. Essa é a confiança que Deus e sua Palavra são imutáveis!

Não, Ele não cria exceções. As pessoas precisam entender que humilhar-se perante o Senhor não é dizer "Senhor, eu me humilho" e continuar praticando todo tipo de maldade. Humilhar-se perante o Senhor é obedecer a Sua Palavra. Veja como Jesus definiu o que é amar a Deus

"Aquele que tem os meus mandamentos e os guarda, esse é o que me ama. E aquele que me ama será amado de meu Pai e eu também o amarei e me manifestarei a ele." **João 14:21**

Então não basta dizer: "eu te amo Deus" tem que obedecê-lo. Como vou obedecer a Deus? O que ele mandou fazer para que eu obedeça? Está tudo escrito na Bíblia.

"No princípio era aquele que é a Palavra. Ele estava com Deus, e era Deus (...) Aquele que era a Palavra tornou-se carne e viveu entre nós. " **João 1:1-14**

Procure fazer estudos sobre relacionamentos na Palavra de Deus, e aceite moldar-se. Não insista em mudar o outro, mas dedique-se em moldar apenas o teu próprio coração e a sua própria mente.

Você pode estar se questionando, "mas eu estou sofrendo, então Deus não quer essa pessoa para minha vida", mas o bolo do verdadeiro amor para ficar pronto, ainda faltam alguns ingredientes.

O amor tudo sofre

Se estiverem em uma situação de aflição e não virem saída, orem!

> "Está alguém entre vós aflitos? Ore..."
> **Tiago 5.19**

Apenas creia que vai melhorar e que alcançará o seu alvo: a felicidade no seu casamento.

Lembro-me de uma vez uma amiga me procurou dizendo que iria se separar depois de dez anos. Ela disse que não amava o marido e era apenas amiga dele. Eu disse que poderia ajudar e então expliquei que ela o amava, porém estava decidindo deixar de amar.

O amor está sendo confundido com paixão ou afetividade. O amor você promete e cumpre. Não depende de sentimento, afeto ou emoções. Quem dera todos os casais pudessem ser sempre apaixonados, mas na realidade fora do cinema não é assim. Por isso temos que prometer com algumas testemunhas que vamos amar, respeitar e ser fiel na alegria ou na tristeza, ou seja, quando acabar a vontade ou se a vontade continuar você deve manter o compromisso moral!

Não se preocupe se você já se divorciou, ou se separou, e está em um novo relacionamento. Não estou aqui pra julgar você o importante é aprender isso o quanto antes. E de hoje em diante não cometer os mesmos erros de relacionamentos passados. É um erro seguir o coração ou a própria vontade se essa estiver fora dos princípios bíblicos.

Siga a razão, siga o compromisso moral que você fez, cumpra a sua palavra. Seja uma mulher de palavra! Seja um homem de palavra!

No verdadeiro "amar" não importa quem esteja sendo amado. Se você continuar na sua promessa, isso é amar, quando você escolhe não amar mais, seja lá qual seja o motivo, você está escolhendo seguir emoções, paixão etc.

Graças a Deus, minha amiga me ouviu e não se separou e o melhor após dez anos eles ficaram grávidos mesmo sendo impossível a gravidez!

Acredite que você vai conseguir!

Lembro-me de uma outra história em que uma mulher casada se apaixonou pelo aluno dela na faculdade em que ela era professora. Ela nunca teve contato sexual com o aluno, mas não conseguia parar de pensar nele. Ela, para continuar honrando a palavra dela de mulher, pediu exoneração, mudou de cidade com o marido!

Ela nunca traiu o marido mesmo o coração, o corpo, a alma, a paixão querendo o aluno! O nosso coração e desejo nos engana!

"O coração é mais enganoso que qualquer outra coisa e sua doença são incuráveis. Quem é capaz de compreendê-lo?"**Jeremias 17:9**.

Muitos preferem seguir paixões ao contrário de cumprir os votos feitos. Isso é falta de moral. A união entre homem e mulher perante Deus é uma união moral e não somente afetiva. Ela é e deve ser mais moral do que afetiva.

A paixão pode acabar, mas se você entender que deve amar acima de desejos ou paixões você será feliz no relacionamento. Se cumprir os votos feitos, vai ser feliz no casamento.

Uma outra vez, eu perguntei um primo que se divorciou se tinha valido a pena. Ele me respondeu que não mudou nada e que os mesmos problemas apareceram no relacionamento novo.

Somos bombardeados pela TV, músicas, filmes, dentre outros, de que devemos seguir nosso coração. Isso é uma armadilha terrível!

"Há caminho que parece certo ao homem, mas no final conduz à morte." **Provérbios 14:12.**

Muitos têm decidido seguir a paixão e encontram sofrimento para todos da família e amigos.

Esse valor moral na sociedade tem diminuído muito, quantos dizem uma coisa e não cumprem? Quando combinam de um jeito e não mantém a palavra? Quantos fazem um contrato e descumprem? Isso é terrível! Você não pode voltar atrás no que prometeu ainda que sofra! Ainda que tenha prejuízo! Só esses estarão na companhia de Deus.

> "Senhor, quem habitará no teu santuário? Quem poderá morar no teu santo Monte? [...] aquele que mantém a sua palavra, mesmo quando sai prejudicado," **Salmos 15:1.**

Seja uma mulher de palavra! Seja um homem de palavra! Tenha honra! Cumpra os votos de amar até que a morte separe! Na alegria ou na tristeza! Na saúde ou na doença! Na riqueza ou na pobreza! Cumpra! Paixão passa!

Meus pais farão cinquenta anos de casados e só Deus sabe o que os dois passaram e sofreram! Eu sei o quanto tivemos problemas, mas não quero dar detalhes pois meu pai foi alcançado por JESUS e mudou, mas antes eram somente brigas, porém tanto meu pai quanto minha mãe não aceitaram a mediocridade do comum e não se separaram. Não aceite! Tenha fé que tudo vai melhorar!

Não se esqueça que outro ingrediente é

Tudo crê

Ainda que demore alguns dias para começar a ver os resultados, ou pode até demorar um pouco mais, porém irá acontecer! Valeu a pena esperar, suportar e acreditar!

Lembro - me de quando morava em Lisboa, uma portuguesa me procurou dizendo que estava em processo de divórcio. Ela era da igreja, porém seu marido não. Ele já estava com uma amante e pronto para se divorciar. Eu perguntei se ela pregava para ele, ela respondeu rapidamente que sim! Eu disse "se você quiser, eu posso te ajudar". Ela disse que queria minha ajuda, então eu disse "Pare de pregar para ele! Isso mesmo, eu disse isso. Ela até se assustou. Eu continuei, se você quer realmente salvar seu relacionamento, vou te dar todos os versículos que falam de como uma mulher deve ser e agir com o marido, mas não tente mais ensiná-lo. Na mesma semana, em um culto, quarta-feira à noite, eu entreguei os versículos e disse a ela "se você obedecer tudo, em breve teu marido mudará".

Quando ela começou a ler e pensou que era duro demais ser submissa ao marido, ela me perguntou se eu também não poderia adicionar alguns versículos com as obrigações do marido. Eu respondi "não, pois ele não acredita na Bíblia ele não vem à igreja e se você continuar pregando pra ele, ele só vai sentir raiva de você e pensar que a igreja está te ensinando a ser rebelde com ele". Veja o que a Bíblia ensina em seu caso. Um dos versículos era

"Do mesmo modo, mulheres, sujeitem-se a seus maridos, a fim de que, se alguns deles não obedecem à palavra, sejam ganhos sem palavras, pelo procedimento de sua mulher" **1 Pedro 3:1.**

Eu disse a ela para parar de tentar convencê-lo e fazer tudo o que ele gostasse, que fosse submissa, amável, amorosa. Isso vai ferir seu orgulho, mas ele vai ficar curioso para saber que poder é esse de Deus que te deixou assim humilde e submissa.

Ela respondeu que iria obedecer!

Duas semanas! Foram apenas duas semanas! Eu estava tocando a guitarra quando ela entrou na igreja com o esposo! Ele foi alcançado por ela pelas atitudes dela sem palavra! É difícil? Sim, mas só o teu orgulho sairá ferido! O marido dela aceitou Jesus e mudou de vida! Anos depois, os dois me encontraram em um Shopping chamado Dolce Vita, onde eu trabalhava, em um restaurante chamado Só Peso e agradeceram novamente.

O amor para ser construído precisa passar pelo tempo. Ele precisa amadurecer. Amadurecer a capacidade de esperar!

Lembro-me de outro caso em que a mulher havia sumido. Isso mesmo, sumido! O marido estava desesperado! Eu orei com o marido e disse "se ela voltar, você deve obedecer a Bíblia, amar, perdoar, quando ela vier à igreja, estude, aprenda, leia livros. Ele disse ok!

Uma semana depois, ele estava no culto com a esposa, porém ele não a deixava em paz nenhum minuto! Durante toda a reunião, ele discutia com ela, eu podia ver, pois estava na frente tocando guitarra e eu via o quanto ele a importunava durante a reunião. No final, eu perguntei sobre o que foi falado na reunião ele não soube explicar.

Resumindo, eles se divorciaram! Ele escolheu o próprio caminho e não quis seguir os conselhos bíblicos para ter um relacionamento feliz! Fico admirado da força em obedecer de uma e fico decepcionado do homem que decidiu não obedecer aos princípios bíblicos.

Tudo espera

Suportar o tempo até que as árvores do seu relacionamento comecem a dar os frutos. As videiras, que podem ser comparadas a uma vida sexual saudável e prazerosa; as macieiras, que podem ser a harmonia entre as famílias e as figueiras, que produzirão relacionamentos com os filhos extremamente agradáveis.

Frutos agradáveis na área profissional, lazer e toda a espécie de frutos agradáveis nas regiões celestiais começarão a ser colhidos. Os seus frutos maduros.

Felicidade! Depois que começarem a dar os frutos, não parem de plantar para que, acabando os primeiros frutos, possa ter mais, e mais, e nunca mais faltará alegria no seu relacionamento.

Se diante das primeiras dificuldades, contudo, você decidir não suportar e ofender, não esperar e desistir, ou fazer o oposto do que estou ensinando neste livro (I Coríntios 13), infelizmente, você não chegará a colher os frutos e, o que você já tiver plantado, talvez nem chegue a colher.

O bolo tem que ser feito até o fim para se deliciar com ele. Se você já sofreu por muito tempo pare de sofrer hoje e viva bem! Faça o bem, pois no tempo certo vai colher, se não tiver desistido.

"Não se deixem enganar: de Deus não zomba. Pois o que o homem semear, isso também colherá. Quem semeia para a sua carne, da carne colherá destruição; mas quem semeia para o Espírito, do

Espírito colherá a vida eterna. E não nos cansemos de fazer o bem, pois no tempo próprio colheremos, se não desanimarmos. Portanto, enquanto temos oportunidade façamos o bem a todos, especialmente aos da família da fé." **Gálatas 6.7-10**

Se você plantar e praticar os atos seguintes vai colher bons resultados com toda a certeza. Escolha O Fruto do Espírito e jamais plante os frutos da carne! Veja:

"Ora, os frutos da carne são manifestos: imoralidade sexual, impureza e libertinagem idolatria e feitiçaria; ódio, discórdia, ciúmes, ira, egoísmo, dissensões, facções, inveja; embriaguez, orgias e coisas semelhantes." **Gálatas 5:19-21**

Agora o que devemos fazer é:

"Mas o fruto do Espírito é amor, alegria, paz, paciência, amabilidade, bondade, fidelidade, mansidão e domínio próprio" **Gálatas 5:22-23**

Se você seguir fazendo o que aprendemos, vai começar a colher - não importa sua religião, ou pode ser mesmo um ateu. Se colocar os princípios de Deus em prática, Deus vai honrar a Palavra Dele da mesma forma. Depois, perceberá que realmente Deus é amor. Talvez existam pessoas que não acreditam em Deus, porque nunca O conheceram e tem muita gente matando e explodindo em nome de deus, mas o Deus verdadeiro é amor nunca fez, não faz e nunca fará mal para ninguém. Além do mais, estamos falando de princípios sobre relacionamento conjugal e pode ser adotado por todos os seres humanos um longo caminho desde o preparar a terra, arar, plantar boas sementes., regar, adubar, arrancar todo tipo de pragas, proteger contra animais e insetos e esperar até o dia da colheita e se deliciar com todos os frutos.

Não existe magia nem fórmula mágica de amor instantâneo. A terra é o seu coração e, como um arado, eu tenho revolvido a terra do seu coração para plantar. As sementes são esses conceitos e conselhos bíblicos maravilhosos que tenho escrito neste pequeno livro.

Boas sementes são conhecimentos de boa qualidade. Regar é estar lendo e relendo a bíblia para não esquecer do nosso objetivo de ser amável. Lembre-se, o que você vê, pensa e lê, mais cedo ou mais tarde, irá se tornar realidade.

O adubo todos sabem que é algo desprezível ou seja desejos, lembranças, palavras e sentimentos ruins que você deve deixar morrer para servir de adubo e que fará florescer bons desejos, boas palavras, boas lembranças e bons sentimentos.

Esquecer o passado e as coisas ruins servirá de adubo para a sua plantação. O adubo aqui pode ser considerado como tudo o que é ruim. Todas as ofensa passada não volte a tocar no assunto, deixando as lembranças ruins apodrecerem na plantação do seu coração (relacionamento). As ofensas e brigas esquecidas servirão apenas como adubo.

As pragas podem ser comparadas aos tabus, como os pensamentos estabelecidos que corroem o desenvolvimento da inteligência. Não deixe que as pragas do desânimo nem da impaciência consumam o que você já plantou! Os animais serão os conselhos aparentemente bons que alguns supostos "amigos" te darão. Não aceite conselhos que seguem na contramão da sua felicidade. A Bíblia é a melhor conselheira. Sabemos que a Bíblia foi escrita por homens, mas saiba que

> "Toda a Escritura é inspirada por Deus e útil para o ensino, para a repreensão, para a correção e para a instrução na justiça, para que o homem de Deus seja apto e plenamente preparado para toda boa obra" **I Timóteo 3:16**

Se você escutar muita música romântica, vai começar a agir dessa forma. Se vê muitos filmes românticos, vai agir dessa forma. E se você começar a ler livros sobre romances, bons relacionamentos, com finais felizes, acontecerão em breve.

Deve ler tudo e guardar só o que é bom. Isso será como uma água que irá regar dia a dia sua esperança sua semente e não passe nem uma semana sem ler algo que fale sobre relacionamento feliz.

A Bíblia está cheia de histórias de relacionamentos felizes. Com o final feliz. Tem uma de um homem chamado Jacó que trabalhou por 14 anos como um servo só para ter a mulher que amava. Outra história, de uma simples escrava que se tornou uma rainha quando o Rei se apaixonou pela sua beleza e por sua simplicidade. Também há na Bíblia histórias tristes como adultérios seguidos de morte que Deus permitiu que ficassem registrados como um aviso às gerações futuras e assim as pessoa pudessem evitar.

Regar sua plantação do amor é o mesmo que a cada dia colocar a Palavra de Deus, que é a fonte de água viva, em prática. Colocando tudo em prática, exercitando o que tem aprendido. Não basta dizer eu te amo e não demonstrar em atitudes.

"Aquele que ama é o que pratica"

Arranque as pragas, que são conceitos antigos de machismo e feminismo, pragas que cegam o entendimento e geram preconceitos antibíblicos e impedem a felicidade dos seres humanos.

Conselhos de "amigos" que interferem no casal e atrapalham a felicidade deles são como pragas corroendo tudo o que foi plantado. Tenham sempre como regra a Palavra de Deus e exercite-a.

Lembro-me de uma história em que uma mulher estava com muitos problemas no relacionamento e pediu ajuda para uma "amiga". Essa "amiga" deu a maior força e esteve ao lado da mulher que estava divorciando em todos os momentos até todo o divórcio estar concluído. Depois, a "amiga" se casou com o ex-marido.

Lembro – me também de outro caso que um pai de família deu o maior apoio para um "amigo" que estava em dificuldades permitindo passar uns dias na sua casa. Um dia o pai de família chega mais cedo e vê a mulher sentada no colo do "amigo" Não permita ninguém interferir no seu relacionamento. Deixe que Deus o direcione através da Bíblia.

Os animais que atrapalham são seres humanos, que se aproximam com conselhos aparentemente bons e confortáveis, mas que, na verdade, são diabólicos. "Beijo de Judas".

Ah querido! O dia da colheita vem chegando, com certeza você vai se esquecer dos sofrimentos presente, hoje mesmo começará a dar glória à Deus! Será difícil, mas ninguém disse que seria fácil, mas sim possível! Tudo é possível ao que acredita!

Acredite nos seus sonhos! Invista tempo neles! Invista em você buscando conhecimento. Algumas pessoas dizem que essa felicidade será apenas na eternidade, mas Deus quer que comecemos a viver o melhor aqui nesta terra depois é só continuar.

"Se vocês estiverem dispostos a obedecer, comerão os melhores frutos desta terra" **Isaías 1:19**

Jesus veio para nos dar vida e vida plena! Agora, saiba que nós já estamos na eternidade! Se você existe, nunca mais deixará de existir! A morte é apenas um outro estágio da existência, é uma passagem e será apenas para separar os que aceitaram as palavras de Jesus que é o autor da vida e paz para estar com Ele para sempre onde os demais, que não O aceitaram, para estar eternamente longe de Jesus.

Por escolha própria hoje muitos decidem não seguir nenhum conselho de Deus, mas o que importa é que você saiba que tudo o que Jesus conquistou na cruz é seu por direito! Ele te deu!

Para terminar a parte da receita do amor o último ingrediente na verdade é só um toque de esperança pois.

o amor nunca falha

O amor nunca vai acabar nem falhar. Só acaba se você deixar de praticar a essência de Deus é o amor, mas há uma caminhada até chegar nesse amor, há um "caminho excelente" a percorrer. Como vimos no princípio da leitura, esse caminho pode até ser mais árduo, mas seus frutos são mais excelentes.

É como numa plantação de milho, onde às vezes temos que suportar a chuva e, outras vezes, o sol quente, mas na hora da colheita todos ficam felizes!

No Brasil, é comum à época de a colheita de milho reunirmos toda a família na fazenda e fazermos centenas de pamonhas, milho assado, doces, bolos de milhos e tudo mais.

É tudo uma festa em que muitos participam e se alegram, mas a maioria das pessoas ali não imagina o sofrimento que o agricultor passou para chegar aquele momento. Assim, será quando você chegar ao fim desta longa caminhada e começar a colher os frutos do seu relacionamento. Talvez hoje você veja um casal feliz, mas não imagina quanto esforço fizeram para chegar nesse ponto.

Muitos hoje já estão desfrutando dessa realidade, mas eles começaram a plantar antes e muitos não sabem e nunca saberão o quanto foi sofrido até chegar no nível que estão hoje.

Saiba, também, que talvez ninguém vá ver seu esforço, mas o prazer que você terá quando começar colher vai superar qualquer sofrimento ou menosprezo.

"Mas o fruto do Espírito é: amor, alegria, paz, paciência, amabilidade, bondade, fidelidade, mansidão domínio próprio. Contra essas coisas não há lei." **Gálatas 5.22-26**

Gostaria de convidar você para estudar o livro romântico mais vendido em todos os tempos no mundo inteiro! É o livro mais vendido em todo o mundo e se chama Cantares, ou também conhecido como Cântico dos Cânticos de Salomão. Ele é pequeno, porém conta uma pequena história de um casal que desfrutou da plenitude do amor em um relacionamento em que prevalecia a fidelidade e o amor.

Considero que esse livro que escrevi só pode ajudá-los a entender melhor o que há lá. Esse romance é o "manual perfeito" para qualquer casal que queira ser feliz e irá ajudar você a desfrutar um relacionamento saudável. Você deverá imitar as atitudes do noivo e da amada, estudar o caráter da amada e tomar como exemplo suas palavras e pensamentos. Limite-se apenas à sua parte, (homem/noivo) e (mulher/amada).

Perdoar! Ceder! Faça vista grossa aos defeitos e enalteça as qualidades e, novamente, convido você para fazer estudos aprofundados do livro de Cantares e, assim, verificar como se porta um casal exemplar e imitá-lo.

Muitos teólogos usam da interpretação do noivo sendo Cristo e da noiva, a Igreja. Pode ser também assim interpretado, mas o relacionamento citado em Cantares é mais específico para o marido e a esposa entre seres humanos.

É um manual para um casamento abençoado. O relacionamento de Cristo com a Igreja vai da Gênesis ao Apocalipse. Neste livro chamado Cantares, que está na Bíblia, há versículos falando sobre sexo. Deus ensina os casais a desfrutarem do que foi criado para o nosso prazer e é um benefício para o ser humano.

> "seu umbigo é uma taça redonda onde nunca falta o vinho de boa mistura." **Cântico dos Cânticos 7:2**

> "Seu porte é como o da palmeira, e as seus seios como cachos de frutos. Eu disse: subirei a palmeira e apossarei dos seus frutos. Sejam os seus seios como os cachos da videira, o aroma da sua respiração como maçãs, e a sua boca como o melhor vinho" **Cântico dos Cânticos 7:2**

O que fazemos com um cacho de uva? Infelizmente o que muitos tem feito é usar o sexo para própria destruição. Tornando banal algo sublime e divino. É o mais próximo que um ser humano consegue chegar perto do outro, pois você está preso dentro de um corpo mortal e não se sabe onde está a consciência existencial.

Qual a distância entre a sua felicidade e sua tristeza? Por mais real que um braço ou uma perna possam parecer a nós, nós temos uma outra realidade de existência, pois alguém pode tocar o seu braço, mas não pode tocar você. Pode tocar seu rosto, mas não pode tocar você.

O que quero falar pode até ser complexo, mas é perceptível, você realmente toca o outro! o ato sexual é como se fosse traduzido o que eu sinto e expresso o que eu penso, mas não em um idioma como o português. Assim como a música é uma linguagem universal, o sexo também o é. Essa banalização sexual e essa falsa liberdade sexual geram todo o tipo de doenças sexualmente transmissíveis e feridas na alma, pois sempre alguém termina ferido.

Produzem gravidezes indesejadas e traumas, mãe solteira que por consequência, pode criar um filho sem um referencial de um pai; adultérios que acabam em mortes.

Como alguém ainda consegue jogar a culpa em Deus? Neste livro de cantares, Deus deixou algumas dicas sexuais e declarações que ajudarão o casal a desfrutar de uma vida sexual abundante.

Você pode baixar um aplicativo da Bíblia no seu celular e estudar não somente o livro de Cantares, mas tudo!

Não pare de buscar conhecimento. Não deixe de investir em você.

Espero que meu livro sirva de inspiração e seja um entre dezenas, centenas de livros e Cursos!

Peço que você avalie meu e-book, pois isso me ajuda muito! Também peço que não compartilhe meu livro de forma gratuita pois a venda dele é o meu rendimento.

Não se esqueça de indicar o meu livro caso você tenha gostado!

Espero ansioso que você conte seus bons resultados na avaliação do meu livro, e desejo bons resultados a você!